TÉCNICAS DE MEMORIZAÇÃO PARA ESTUDANTES

PORQUE VOCÊ PODE IR ALÉM

RODRIGO VARGAS

Técnicas de Memorização para Estudantes

Porque Você Pode Ir Além

Rodrigo Vargas

Técnicas de Memorização para Estudantes

Porque Você Pode Ir Além

AVISO LEGAL

Ficha Catalográfica Feita pelo Autor.

V297   Vargas, Rodrigo

Técnicas de Memorização para Estudantes: Porque Você Pode Ir Além / Rodrigo Vargas - Autopublicado pelo Autor, através do sistema de impressão por demanda, a partir de 2012. Impresso por Amazon.
140 p.; 15,24 x 23,86 cm (6" x 9")

ISBN-10: 1515360121
ISBN-13: 978-1515360124

1. Psicologia. 2. Cognição e Técnicas de Estudo. 3. Memorização. I. Título.

CDD: 150
CDU: 159.92

Sobre o Autor

Rodrigo Vargas é Engenheiro Mecânico formado pela Universidade Federal do Paraná, especialista em Gestão Empresarial pela Fundação Getúlio Vargas, e pós-graduado em Engenharia de Manutenção Mecânica pela Universidade Federal do Paraná. Tem mais de 30 anos de experiência profissional, sendo mais de 20 dedicados a atividades de gestão e liderança, tendo trabalhado em renomadas empresas multinacionais, com vivência profissional internacional na Europa, Ásia e América Latina.

É o criador e editor do portal GestaoIndustrial.com, onde disponibiliza gratuitamente, há mais de 15 anos, informações sobre os temas principais da Gestão Industrial. É também o criador e editor do blog internacional de gestão e liderança WithinManagement.com.

Rodrigo obteve certificação *Black Belt* na metodologia Seis Sigma, certificação *Practitioner* em Programação Neurolinguística, certificação de Auditor Líder do Sistema de Gestão da Qualidade

ISO 9001, e formação complementar em Docência pela Fundação Getúlio Vargas.

Rodrigo Vargas tem vários livros publicados nas áreas de gestão, finanças e cognição (ao final do livro há uma lista completa dos títulos). Rodrigo Vargas é também o criador e produtor do canal Universo da Gestão, no YouTube, com os temas mais relevantes da gestão, em formato de videoaula.

Dedicatória

Aos meus filhos,

Lucas e Nicolas,

com carinho.

Sumário

Prefácio

A primeira edição desse livro (cujo título original era "Técnicas de Memorização para Vestibulandos") é de 1993, e, desde então, adicionei mais conteúdo, melhorei várias figuras, adicionei outras tantas, e modernizei a formatação. A ideia de escrevê-lo deveu-se, basicamente, aos seguintes fatores:

- Aos percalços pelos quais passei na minha extensa vida estudantil, no tocante à memorização de fórmulas e informações em geral;

- Ao período em que fazia demonstrações da capacidade de memorização em um curso de comunicação oral, quando tive o primeiro contato com a técnica das palavras-chave, e o entusiasmo que isso me proporcionou;

- Aos subsequentes estudos da mnemônica, e à fascinação que isso me criou, devido ao poder de reter informação com muito mais efetividade;

- E à experiência que tive como professor.

Quando comecei a escrever a primeira edição do livro, o fiz porque sabia do poder das técnicas de memorização e, no entanto, não conhecia nenhum livro que reunisse essas técnicas e fosse voltado ao público estudantil. Eu mesmo, em toda minha vida estudantil, principalmente nos bancos escolares do ensino médio e da universidade, sempre procurei fazer as provas com base em meu próprio estudo e esforço. Ou seja, posso dizer que nunca fui afeito ao recurso da cola. Mas conservei por muito tempo certa frustração, pois, embora tivesse estudado, muitas e muitas vezes me dava um branco que me fazia esquecer uma fórmula, informações, dados ou algum texto. Na verdade, o que me faltava era conhecer as técnicas de memorização, que auxiliariam na fixação do conteúdo estudado.

Imagino que você, também, queira que o conhecimento adquirido fique armazenado. É aí que as técnicas apresentadas neste livro podem lhe ajudar.

Boa Leitura, Bons Estudos e Sucesso!

Rodrigo Vargas

Introdução

É comum haver um pouco de mal-entendido sobre o que é memorizar. Talvez até um certo preconceito quando, em algumas situações, se utiliza o termo "decoreba", parecendo dar um sentido pejorativo ao ato de memorizar, como se a ação de memorizar não estivesse associada ao conhecimento. É preciso que se entenda que a memória é parte integrante do processo cognitivo, ou seja, do processo de ensino-aprendizagem.

Dessa forma, **não há conhecimento sem o uso da memória**, e, a memorização e a utilização das técnicas mais adequadas para isso é etapa fundamental nesse processo de desenvolvimento mental e aquisição de conhecimento. Isto quer dizer que, quem quer aprender, tem que utilizar sua memória, em maior ou menor grau, e é exatamente nesse ponto que este livro pretende ajudá-lo, mostrando-lhe as melhores e mais eficazes técnicas de memorização. Portanto, o círculo virtuoso do estudante de sucesso é a aquele em que ele **estuda**, **compreende** e **memoriza**.

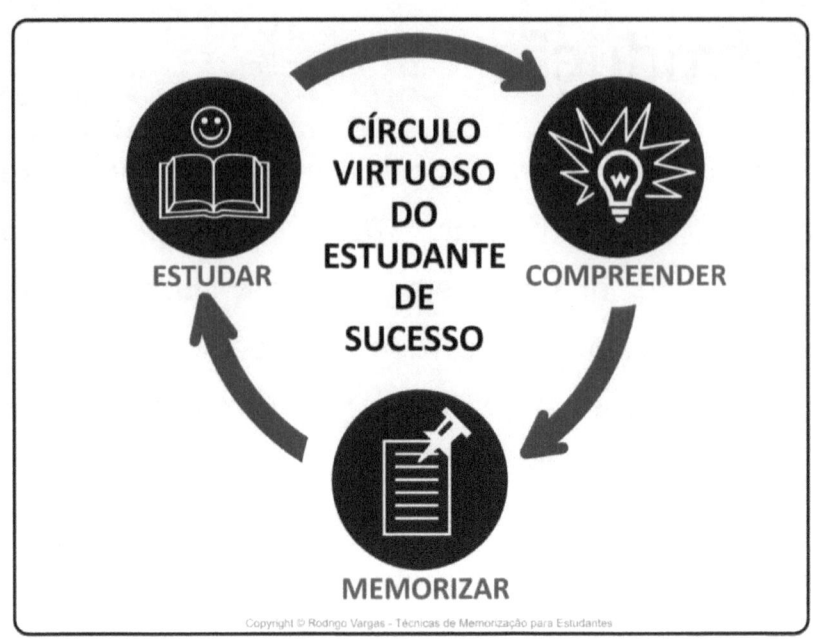

CÍRCULO VIRTUOSO DO ESTUDANTE DE SUCESSO

ESTUDAR

COMPREENDER

MEMORIZAR

Copyright © Rodrigo Vargas - Técnicas de Memorização para Estudantes

Acredito que você perceba que a maioria de nossas ações e pensamentos nada mais são que fruto da memória, apenas lembranças. Aprendemos a andar e depois o fazemos porque memorizamos seu mecanismo. A nossa comunicação depende da memória, pois, repetimos sons que fazem sentido e têm algum significado para nós. Normalmente, utilizamos muito pouco da nossa capacidade de memorização. Mas podemos, através de métodos simples e eficazes, aumentar grandemente nosso poder de memorização, e você sabe como isso é importante na vida do estudante.

Já aconteceu com você, caro leitor, ter ido mal

numa prova ou até ter reprovado em alguma disciplina, apenas porque se esqueceu de uma fórmula matemática, ou de algum dado geográfico, ou, ainda, datas e acontecimentos históricos? Pois bem, de agora em diante, se você aplicar corretamente as técnicas de memorização, e com disciplina, poderá evitar a constância do infortúnio do esquecimento indesejável na hora da prova. Aquilo que for importante poderá ser lembrado muito mais facilmente, através das técnicas que veremos a seguir. O uso adequado das técnicas e o treinamento constante poderão trazer a você segurança e sucesso em seus estudos.

Começando

Se estivermos nos preparando para um vestibular ou concurso público e queremos alcançar a felicidade da aprovação, devemos, então, organizar nossa vida para isso. Um maratonista não cruzará a linha de chegada, percorrendo 42.195m, se não tiver treinado o suficiente. E quão exaustivo for seu treinamento, quão dedicado e organizado, tanto melhor será sua classificação ao final da prova. Devemos ter em mente o seguinte: em nosso dia, deverá haver hora para assistirmos às aulas, hora para nos alimentarmos adequadamente, hora para nosso estudo em casa e a hora do importantíssimo descanso pelo sono. Não podemos deixar de lado o lazer e a prática esportiva, devidamente encaixados na semana, de tal modo que não atrapalhem o estudo. Lembre-se: "Mens Sana in Corpore Sano", que traduzindo do latim significa: "Mente sã em corpo são".

Devemos salientar que as técnicas aqui apresentadas têm o objetivo de fazer com que o estudante tenha uma eficiência muito maior nos seus rotineiros estudos, buscando firmar e ratificar a matéria estudada, de tal modo que mesmo o que foi estudado em março ou abril, possa ser lembrado ao final do ano. As técnicas de memorização que reuni nessa edição são o conjunto dos **Mandamentos da Boa Memória** (hábitos para criar uma boa memória), das **Dicas de Memorização** (*insights* para turbinar a sua memória), e dos **Métodos de Memorização** (sistemas estruturados para memorizar desde pequenos até grandes conteúdos). De tudo isso, o que normalmente usamos é a técnica da repetição, quando ficamos lendo e relendo textos, por horas e horas, para podermos memorizar algo, porém, você verá mais adiante, quando estudarmos a Curva do Esquecimento, o quão rápido podemos perder esse conteúdo. Poderíamos conseguir enorme vantagem se utilizássemos também as demais técnicas, fazendo com que tais estudos, e as informações advindas deles, fossem memorizados com muito maior eficácia.

Então, mãos à obra!

Os 6 Mandamentos da Boa Memória

Eu chamo de Mandamentos da Boa Memória alguns hábitos saudáveis que você deve introduzir no seu dia a dia e que podem fazer você melhorar a qualidade da sua memória, levando-o a memorizar com mais facilidade. Mas lembre-se de que, para funcionarem bem, você deve adotá-los de forma habitual. Vamos, então, conhecer os 6 Mandamentos da Boa Memória:

1. Técnicas Adequadas

2. Concentração

3. Estudo Constante

4. Boa Saúde

5. Ambiente Tranquilo

6. Pequenos Intervalos

Vamos ver a seguir, com detalhes, cada um deles:

Técnicas Adequadas:

Já pensou memorizar a sequência das cartas de 21 baralhos em 30 minutos, ou 105 rostos e nomes em apenas 5 minutos, ou quem sabe a sequência de 568 números nos mesmos 5 minutos? Pois esses feitos incríveis de armazenagem de informação não foram realizados por nenhum computador, são feitos humanos, são façanhas realizadas por um cérebro igual ao seu! Estes são alguns dos recordes mundiais extraídos da página da Associação Internacional de Memória (IAM), em 2019. Mas como isso é possível? Ora, são pessoas que utilizam técnicas adequadas de memorização, mas é claro, são cérebros altamente treinados, são atletas olímpicos da memorização. Porém, quanto benefício você já não teria com apenas uma fração dessa capacidade? .

Sabemos que tão melhor é a retenção de informações na memória, quanto mais forte forem os elos entre as informações e a memória. Eis porque é fundamental você utilizar as técnicas de memorização nos seus estudos cotidianos, elas servem como pregos, fixando as informações.

Veremos neste livro, além dos Mandamentos da Boa Memória, as Dicas de Memorização, e os melhores Métodos de Memorização (repetição, associação, empilhamento, alfabeto fonético e palavras-chave, quadros mentais domiciliares). Você verá, ao longo do livro, vários exemplos de emprego dessas técnicas a fim de poder familiarizar-se com elas e ser capaz de introduzi-las no seu dia a dia de estudos.

Concentração:

A concentração é fundamental na memorização, o cérebro memoriza com mais facilidade aquilo a que damos atenção e foco. Portanto, é mais fácil memorizar sem ouvir música ou ver televisão. Devemos manter nossa atenção voltada ao estudo, isto aumenta nosso rendimento. Quando estudamos, devemos deixar de lado as outras coisas e focar em nosso objetivo de aprender e memorizar aquilo que está à nossa frente.

Um estudo da Universidade da Columbia Britânica (Vancouver), publicado em 2009, mostrou que a cor vermelha pode aumentar em 30% o poder de concentração, comparado ao azul. Portanto, comece alterando o fundo de tela de seu computador, depois, adicione no seu local de estudo algum outro item (um quadro, por exemplo) na cor vermelha. A cor azul, segundo o estudo, facilita o trabalho criativo, enquanto que a cor vermelha, o foco e a atenção. Experimente e veja como você reage.

Outro estudo, este de 2013, da Universidade de Cardiff, sugere que mascar chiclete pode aumentar em até 10% nosso estado de alerta e atenção. Mas tome o cuidado, caso vá experimentar isso, de consumir chiclete sem açúcar, pois, do contrário, você poderá ter mais problemas de concentração do que benefícios, além, é claro, do risco de cáries.

O estado de relaxamento é importante porque propicia o aprendizado e a memorização, pois, mais canais de compreensão estarão disponíveis e aptos para o processo cognitivo (processo de conhecer, entender, e memorizar). Ao contrário, o stress, tensão, preocupação e medo, desfavorecem enormemente esse processo. Não confunda o estado de relaxamento com sonolência, o relaxamento tem o sentido específico de tranquilidade, mas com energia, vontade, foco e predisposição para estudar, e é fundamental para o processo cognitivo, ou seja, o processo de ensino/aprendizagem, aquele em que estudamos, compreendemos e memorizamos.

CONCENTRAÇÃO

TRANQUILIDADE

FOCO

VONTADE

PREDISPOSIÇÃO ✔

Estudo Constante:

 Evidentemente esse é um fator fundamental, pois, como já dissemos, o maratonista não treina somente antes das competições. É importante estarmos habituados ao processo de estudo, aprendizagem e memorização. Conhecimento gera conhecimento. Toda informação arquivada em nossa memória vai abrir caminho para novas compreensões de novos conhecimentos, ou seja, quanto mais se aprende, mais se estará apto a aprender de novo. Portanto, da mesma forma que um atleta treina com frequência para melhorar seu desempenho, o processo de memorização também exige constância.

Mas, atente ao fato de que estudar com constância não quer dizer estudar dia e noite sem parar, quer dizer, simplesmente, estudar com a regularidade necessária, mas com inteligência, com razoabilidade. Lembre-se de que estudar sem descanso não ajudará você, ao contrário, poderá levá-lo a uma estafa. Portanto, estabeleça uma rotina, com a disciplina necessária. Programe o seu dia, suas horas de estudo, sua alimentação, sua atividade física, seu descanso.

ESTUDO CONSTANTE

REGULARIDADE (FAÇA COMO O MARATONISTA)

CONHECIMENTO GERA CONHECIMENTO

DISCIPLINA

RAZOABILIDADE

Boa Saúde:

Lembramos sempre que: "*Mens Sana in Corpore Sano*", ou seja, a mente sadia habitará o corpo sadio. Se estivermos doentes ou enfraquecidos, com problemas de saúde, não estaremos predispostos ao estudo, nem ao aprendizado, nem à memorização. Cuide também da alimentação, pois existem alimentos que beneficiam a memorização, e outros que a prejudicam, portanto, acima de tudo, devemos manter uma alimentação balanceada, sem exageros, controlando muito o consumo de gorduras, e evitando doces. Porém, nem toda gordura é ruim, pelo contrário, segundo artigo publicado pela Escola de Medicina de Harvard (Harvard Medical School), intitulado "Boost your memory by eating right" (Turbine sua memória comendo certo – em tradução livre), as gorduras insaturadas, presentes nos peixes, castanhas, e no óleo de oliva, são altamente benéficas. Ainda, segundo esse artigo, frutas, verduras e grãos integrais, também promovem a saúde cerebral.

Água também é fundamental, sabemos disso desde pequenos, mas, o mais das vezes, não ingerimos o suficiente. O ser humano é constituído de aproximadamente 60% de água, distribuídos nos diversos órgãos do corpo humano e, por isso, se recomenda 2,5 litros de água por dia, aproximadamente, sendo variável dependendo do seu peso. O site do Dr. Drauzio Varella tem recomendações interessantes sobre o consumo de água, num artigo publicado sob o título de "Água: Qual a quantidade necessária". Nesse artigo, o Dr. Drauzio diz que a necessidade de água estará atrelada a fatores como: seu nível de atividade física, seu metabolismo, sua dieta (mais ou menos sal), seu peso, e temperatura ambiente, entre outros fatores. Portanto, ele recomenda observar o seguinte: verifique a cor de sua urina, o certo é que tenha uma cor amarelo claro, se estiver amarelo escuro, e com odor forte, é sinal de que está ingerindo pouca água. Se você tiver dúvidas em relação à sua alimentação, qualquer que seja, uma consulta a um nutricionista, provavelmente, lhe esclarecerá o que fazer.

Devemos também respeitar o horário certo de dormir, dormindo uma quantidade de horas suficiente para nos revigorar. A maioria das pessoas precisa dormir de 6 a 8 horas por dia, e você deve se respeitar neste aspecto, procurando adequar seu sono à sua necessidade. Se você acorda indisposto e cansado, é porque seu sono não foi adequado. Um artigo publicado no web site da Escola de Medicina da Universidade de Harvard abordou esse tema, relacionando uma boa noite de sono com a melhoria do processo de memorização e aprendizagem. Portanto, faça seus horários de tal modo a não sacrificar suas noites de descanso, porque o sono é necessário para consolidar a memória.

Outro fator importante é a atividade física. Insisto que isto é muito importante para manter sua saúde em bom estado. Já no final dos anos 90, a neurociência descobriu que a ação antidepressiva e estabilizadora do humor, proveniente do exercício físico. Isto está relacionado também a uma ação do corpo sobre o cérebro, atuando na capacidade de fazer com que aumente a produção de neurônios novos no hipocampo (hipocampo é uma estrutura localizada nos lobos temporais do cérebro humano, considerada a principal sede da memória e do sistema de controle de emoções). Portanto, mãos à obra, nada de preguiça e insira alguma atividade física regular na sua semana. Recomendo que você procure um médico cardiologista e faça uma avaliação geral antes do início da sua atividade física. Normalmente, tem-se uma melhora da qualidade do sono, através da atividade física regular, além da melhora do estado de saúde geral.

BOA SAÚDE

ALIMENTAÇÃO SAUDÁVEL

DESCANSO

ATIVIDADE FÍSICA

Ambiente Tranquilo:

 Só num ambiente adequado, onde nos sentimos bem e nada nos perturba, poderemos ter concentração suficiente para estudarmos, aprendermos e memorizarmos. Ruído, sujeira, movimento são fatores negativos. Devemos buscar silêncio, limpeza, calma e tranquilidade. Esses são fatores benéficos e positivos, predispondo ao bom aprendizado e à memorização.

O ambiente deve ser também organizado. Seu material de estudo deve estar à mão, guardado de forma que você encontre o que precisa sem perda de tempo. Organização do ambiente reflete-se em nossa mente, não se esqueça disso. Também é importante, em relação ao ambiente, cuidar do aspecto ergonômico, ou seja, atente para que sua postura seja correta, sentado em uma cadeira macia e confortável, a fim de que consiga estudar sem adquirir dores crônicas na região lombar, pescoço ou braço.

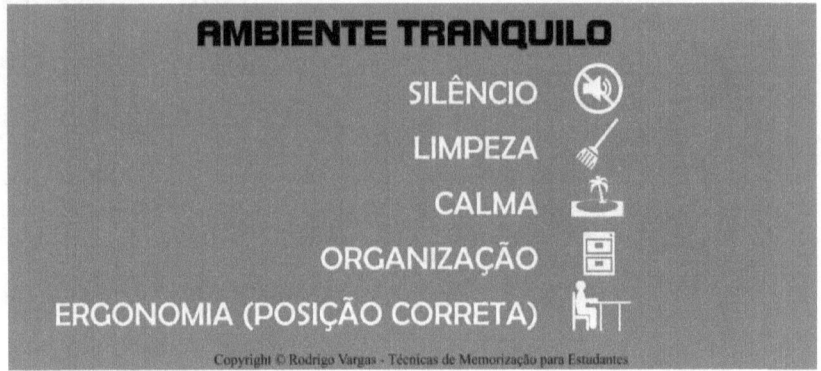

Pequenos Intervalos:

O cansaço e a fadiga são prejudiciais à memorização, por isso, devemos descansar antes de ficarmos cansados. Pequenos intervalos nos ajudarão a recuperar o fôlego para uma nova jornada. Além disso, também está provado que tendemos a lembrar mais dos itens que aprendemos em primeiro e em último lugar, ou seja, dividindo nossa lição em partes, com pequenos intervalos, aumentamos nossa capacidade de retenção. Mas, atenção, **fazer pequenos intervalos para descansar não quer dizer fazer intervalos a todo instante**, pois isso é contraproducente. As interrupções exageradas, a todo momento, dificultam a concentração e atrapalham o estudo.

Quando fizer os intervalos, aproveite para descansar os olhos, cobrindo-os com as mãos, essa é uma das formas mais naturais e eficazes de relaxar os olhos. Na China, por exemplo, as crianças fazem isso antes de começar a estudar. Cobrir os olhos totalmente com as mãos, sem deixar passar nenhuma luminosidade, de 2 a 4 minutos, tem duas funções importantes: primeiro, descansa o nervo ótico, ao eliminar toda a luz, e por outro lado, remete a nossa mente ao vazio da escuridão. Outra forma é você, após ter forçado a visão durante algum tempo de leitura, ir para a janela e olhar o horizonte, olhar o longe, isto vai relaxar o cristalino e o seu músculo motor.

Um artigo publicado na revista Scientific American, intitulado *Why Your Brain Needs More Downtime* (Por Que o seu Cérebro Precisa de Mais Paradas - em tradução livre), em 2013, abordou também a importância dos pequenos intervalos durante o dia e acordado, como forma de renovar as forças, manter a produtividade, e consolidar a memória. Se puder, aproveite também o intervalo para um alongamento suave, fique em posição de modo a deixar o sangue fluir para o seu cérebro. Evite ficar muito cansado, ou com muita fome, ou muito indisposto. Isso tudo indica que houve exagero, e é prejudicial. Insira os pequenos intervalos de modo a manter uma condição de estudo saudável. Lembre-se de que períodos muito longos de estudo desfavorecem a memorização e o aprendizado, e propiciam o cansaço, lembre-se sempre de fazer pequenos intervalos.

PEQUENOS INTERVALOS

FAÇA PEQUENOS INTERVALOS

CUBRA OS OLHOS POR 2 A 4 MIN.

OLHE O HORIZONTE POR 1 MIN.

ALONGUE-SE

Copyright © Rodrigo Vargas - Técnicas de Memorização para Estudantes

Resumo

Para ver os resultados, pratique esses mandamentos como hábitos, inseridos no seu dia a dia.

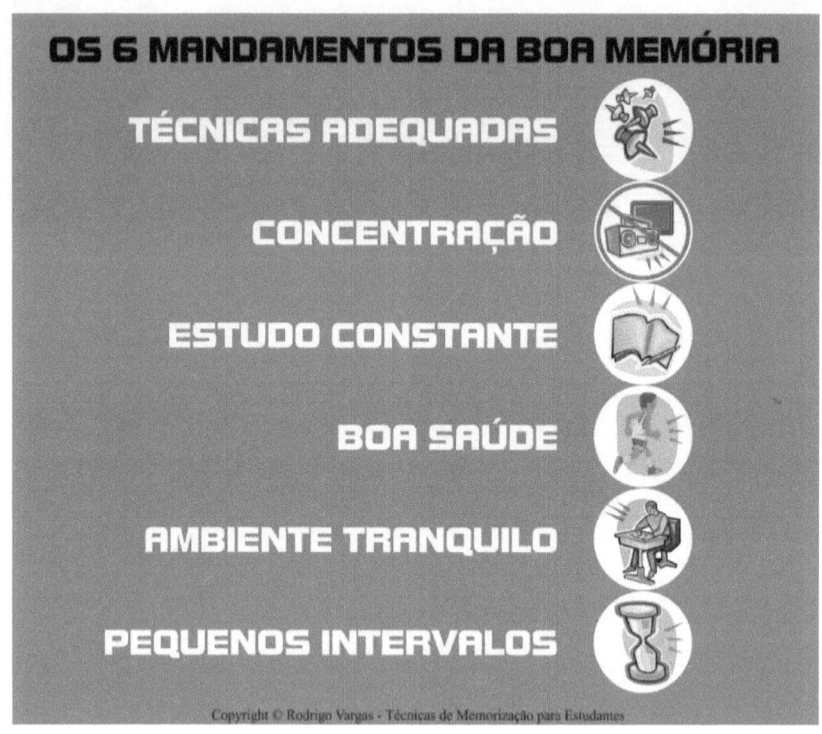

Dicas de Memorização

As dicas de memorização são *insights* para turbinar a sua memória, são sacadas inteligentes que proporcionam uma memorização muito mais eficaz, utilizando-se de premissas que facilitam o processo mnemônico.

USE AS DICAS PARA TURBINAR A SUA MEMÓRIA!

Algumas dessas dicas são, também, base para alguns dos métodos de memorização (sistemas estruturados que permitem memorizar desde pequenos até grandes conteúdos) que veremos no próximo capítulo. Mas isto é outra história, veremos depois; vamos, agora, falar das dicas!

Você poderá utilizar as dicas de memorização, combinadas ou não. Por exemplo, é muito comum, ao utilizar a dica "use imagens mentais" (veremos a seguir),utilizar junto a dica "use a imaginação" (que também veremos a seguir); ou seja, usar uma imagem mental com muita imaginação. Ou então, usar a dica "resuma" com a dica "escreva", ou ainda, usar a dica "exemplifique" com a dica "fale em voz alta". Esses são alguns exemplos, pois você poderá usar a combinação que entender melhor. Isso quer dizer que o arsenal de dicas pode ser usado à vontade, da forma que lhe convier, da maneira que seja mais adequada à situação ou ao que você quer memorizar.

Veremos, a seguir, as seguintes dicas: pratique, use imagens mentais, use a imaginação, coloque emoção, fale em voz alta, escreva, resuma, exemplifique, use todos os seus sentidos, ensine quando puder, use a música, use as rimas, divida a informação, desenhe.

Vamos lá, então!

Pratique

 A primeira grande dica de memorização é essa: pratique! Habitue-se aos mandamentos da boa memória, e aplique as dicas e os métodos de memorização em todas as oportunidades, e, quanto mais praticar, melhor será a sua capacidade de memorizar. Lembre-se de que a prática leva à perfeição.

Use Imagens Mentais

 Sua memória retém mais aquilo que você insere em visualizações mentais. Existem poderosos métodos que se utilizam de imagens mentais e que veremos neste livro, porém, a dica é: insira o que você quer lembrar em uma imagem mental, e a lembrança será mais poderosa.

Por exemplo, se você precisa memorizar que a palavra sargento se escreve com "gê", visualize um sargento, vestido com farda, e usando um "G" no lugar do quepe.

Agora, seguindo o mesmo raciocínio, vamos memorizar que as palavras Monge, Tigela, Ligeiro, e Vagem são também escritas com **G**. Criamos, então, as seguintes imagens mentais.

- Monge: imaginamos um monge com um enorme **G** no pescoço.
- Tigela: pensemos numa tigela com um enorme **G** dentro.
- Ligeiro: imaginemos um **G** tão "ligeiro" que tem até rodinhas.
- Vagem: as sementes da vagem são **Gês.**

Incrível, não? Se você fixar essas imagens mentais com eficácia, nunca mais irá esquecer que essas palavras se escrevem com "G", e não com "J". Mas, isso é só um pequeno exemplo, você poderá usar a dica da imagem mental para uma infinidade de outras situações.

Use a Imaginação

 Outro fator importante é que o cérebro retém melhor informações que tenham elementos que chamem a atenção, por exemplo, que sejam coloridos, bizarros, exagerados, engraçados, etc. Portanto, use a sua imaginação, pois isto pode aumentar significativamente o poder de retenção.

Por exemplo: no caso do sargento da imagem mental que criamos, devemos visualizar uma imagem bastante colorida, com um uniforme bem verde, as insígnias do sargento em amarelo vivo, e podemos, inclusive, criar um movimento, em que o sargento tira o quepe (que é o "G"), olha para ele, e o coloca de volta. Visualize isso tudo na sua mente, use bastante imaginação e criatividade e verá o incrível efeito mnemônico.

Coloque Emoção

 O significado emocional também ajuda no processo mnemônico, ou seja, toda informação ligada a fatos que tenham um significado emocional será mais facilmente memorizada. Você já percebeu que todos os fatos da sua vida carregados com emoção (boa ou ruim) são aqueles dos quais você se lembra com mais facilidade? Então, coloque emoção (alegria, surpresa, raiva, aversão, diversão, dor, encantamento, medo, interesse, estranheza, etc.) naquilo que você quer lembrar. Por exemplo, na imagem mental do sargento, você pode visualizá-lo com muita raiva, pelo fato de que, ao invés do quepe, está usando um "G". Outro exemplo, digamos que você precisa estudar um texto qualquer, introduza uma pessoa com quem você tem um vínculo emocional no conteúdo desse texto, como se a pessoa estivesse fazendo (ou contando) aquilo que está escrito no texto. Ou ainda, pense em você mesmo participando do conteúdo do texto, sentido algum tipo de emoção de acordo com aquilo que o texto estabelece.

Fale em Voz Alta

 Repetir em voz alta, fazendo perguntas a si mesmo, e respondendo como se estivesse em um teste oral, facilitam a retenção. Você já reparou que, quando estuda com um colega, o estudo tende a ser mais produtivo, normalmente, nesses casos, ocorre debate e questionamentos em voz alta. Você pode, então, tentar discutir com um colega algumas questões que não tenham ficado claras, mas se não tiver um colega para conversar e discutir, faça-o com você mesmo, ou como se estivesse com um colega ao lado.

Escreva

 O fato de você escrever vai reforçar a retenção da matéria em questão. Experimente escrever aquilo que você quer memorizar, ainda que isso possa parecer que consome tempo (e consome mesmo), mas vai ajudar no armazenamento do conteúdo.

Desenhe

 Colocar a informação no papel é sempre uma forma eficaz de memorizar, além de escrever (como já frisamos anteriormente), você pode também desenhar. Por exemplo, faça um desenho esquemático de um mecanismo, faça um fluxograma de informações de um processo, faça um esboço de um mapa, enfim, desenhe aquilo que você quer memorizar do modo mais simples possível. Não precisa ter talento para desenho, basta você experimentar e praticar.

Resuma

 Resumir o que foi estudado é outra técnica para aumentar o entendimento e a memorização, pois serve como um ordenamento dos principais pontos estudados, que servirão de ligação com as demais informações. Você pode resumir um texto, ou um conteúdo qualquer, escrevendo, falando em voz alta, ou desenhando.

Exemplifique

 Outra dica importante é que a exemplificação ajuda no processo do entendimento e da memorização, ou seja, aprende-se e memoriza-se melhor através dos exemplos. Por isso que, em várias das dicas anteriores, eu exemplifiquei. A exemplificação clareia as ideias, facilita o entendimento, e fortalece a memorização. Faça isso você também, quando estiver estudando.

Utilize Todos os seus Sentidos

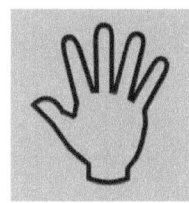 Cheirar, tocar, ver, sentir o paladar, e escutar são os nossos sentidos; aproveite-os ao máximo. Se tiver oportunidade de cheirar ou experimentar aquilo de que quer se lembrar, faça-o. Se puder ver ou escutar, aproveite. Se puder tocar ou manusear algo, faça isso. Por exemplo, simular um processo que você acabou de aprender reforçará o aprendizado e a memorização, pois, simular um processo nos permite usar mais dos

nossos sentidos, o que reforça o processo mnemônico.

Ensine Quando Tiver Oportunidade

 Se tiver oportunidade de ensinar alguém, de dar aulas particulares, por exemplo, esta será outra grande oportunidade de sedimentar seus conhecimentos. É como diz o ditado latino: *Docendo discimus* ("Ensinando, aprendemos" - em tradução livre).

Use a Música

 A música é um excelente meio de retenção de informações. Você talvez seja capaz de se lembrar de uma letra de música inteirinha, não é mesmo? E os cantores profissionais, então, quantas letras eles são capazes de memorizar? Além do fato de se repetir a informação, a melodia ajuda a memorizar. É por isso que o marketing usa o *jingle* (canção curta) na publicidade de um produto ou uma

empresa. Experimente memorizar uma determinada informação através da música; crie a melodia, ou use uma que você conhece.

Use Rimas

Assim como a música, as rimas nos ajudam a memorizar. Experimente memorizar informações na forma de versos rimados. Alguns encontram alguma facilidade no uso dessa dica, outros, ao contrário, têm mais dificuldade, mas é sempre bom conhecer. Experimente! Como um exemplo, se você quer memorizar o nome das capitais de Rondônia (Porto Velho) e Roraima (Boa Vista), poderia usar essas rimas:

Rora**ima**, que está em c**ima**,
A capital é Boa Vist**a**,
Rondônia, que está mais em baix**o**,
A capital é Porto Velh**o**.

Você não precisa ser um Vinícius de Moraes, basta que produza fonemas similares, ainda que fique bizarro, não tem problema. No exemplo anterior, as sílabas e vogais finais já são suficientes para fazer a lembrança e consolidar a informação.

Use um Acróstico

 O acróstico é uma palavra, ou frase, em que cada letra inicial, ou sílaba, é a inicial de outra palavra ou representa aquilo que você quer lembrar. Por exemplo, em choque mecânico, a fórmula **Q = m . v** representa a quantidade de movimento. Para lembrarmos sempre dela, pensemos no seguinte acróstico: **Q**ue **M**o**V**e, que nos lembrará da fórmula:

$Q = m . v$

Outro exemplo, considerando o Efeito Doppler (fenômeno físico da Acústica, em que ocorre a percepção de uma frequência relativa, que é diferente da frequência de emissão da onda) e a sua fórmula: $f\,'= f.(v\pm v')/(v\pm v'')$

Para lembrarmos da fórmula, memorizemos a frase: "<u>F</u>ilinha <u>f</u>ez <u>v</u>o<u>v</u>ô <u>v</u>er <u>v</u>ocê" cujas iniciais lembram as variáveis da fórmula.

Mais um exemplo, se você precisasse memorizar a fórmula da pressão de uma coluna de líquido: $P= g.u.h$

Onde u representa a letra grega "mi"

Poderia pensar numa das seguintes frases:

Piscina e gelo me hidratam

Ou

Pressão gera muita hidrostática

Tanto uma frase, quanto a outra, lembraria você da fórmula: P= g.u.h

Divida a Informação

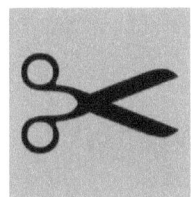 Dividir uma informação grande em partes menores tornará o trabalho mais fácil. É por esse motivo que costumamos falar os números de telefone em duas partes, separados por um hífen. Faça isso com informações grandes e memorize em partes, você verá que fica mais fácil. Por exemplo, experimente memorizar a seguinte sequência de números: 456873298

Agora, experimente memorizar essa:

456-873-298

Bem mais fácil, não?

Resumo

DICAS DE MEMORIZAÇÃO

- PRATIQUE
- USE IMAGENS MENTAIS
- USE A IMAGINAÇÃO
- COLOQUE EMOÇÃO
- FALE EM VOZ ALTA
- ESCREVA
- DESENHE
- RESUMA
- EXEMPLIFIQUE
- USE TODOS OS SEUS SENTIDOS
- ENSINE QUANDO PUDER
- USE A MÚSICA
- USE RIMAS
- USE UM ACRÓSTICO
- DIVIDA A INFORMAÇÃO

Métodos de Memorização

Os métodos de memorização, assim como os elos de uma corrente, permitem a ligação e fixação do conteúdo na memória. São ferramentas muito poderosas, são sistemas estruturados para proporcionar um armazenamento de até grandes volumes de informação, por um longo período.

Copyright © Rodrigo Vargas e seus licenciantes - Técnicas de Memorização para Estudantes

Eu vou explicar e exemplificar os métodos, a seguir, utilizando a matéria do ensino médio. São eles: método da Associação, do Empilhamento, do Alfabeto Fonético, das Palavras-Chave, e da Repetição. O método da Repetição, claro, é conhecido por todos, pois, em geral, nós o usamos desde criança, ele é intuitivo; porém, mostrarei aqui como obter maior proveito dele também.

Método da Repetição

Muito conhecido, é geralmente o método utilizado pelo estudante no dia a dia. Consiste em você ler e reler várias vezes um texto para poder lembrar-se dele depois. É um método importante, porém, você já deve ter percebido várias vezes que, mesmo após horas de estudo, ao chegar na hora da prova, você não consegue se lembrar do que estudou. Isso, de agora em diante, poderá acabar, pois você poderá associar em seus estudos outros métodos mnemônicos poderosos.

A Lembrança

Hermann Ebbinghaus, psicólogo e pesquisador alemão, contribuiu sobremaneira para os estudos da memorização e o tempo de retenção da informação na memória, colocando dados em gráfico, que chamou de curva do esquecimento. Analisando a curva do esquecimento (gráfico a seguir), podemos ver que determinado conhecimento, adquirido pelo método da repetição, não chega a ser 30% do original, ao cabo de dois dias. Para entender seu funcionamento, imagine que você memorizou totalmente o texto de uma página, hoje. Com o passar do tempo, irá esquecendo seu conteúdo, numa taxa aproximada como mostrado no gráfico da curva do esquecimento.

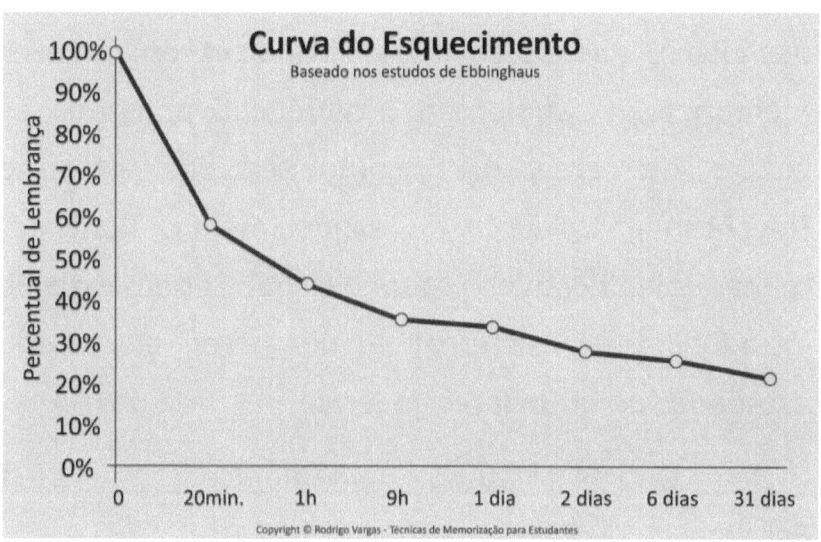

Como Obter Maior Proveito

O Método da Repetição, como vimos pela curva do esquecimento, tende a perder a informação após algum tempo por isso, alguns cuidados podem ser tomados a fim de melhorar sua eficiência.

Leia em Voz Alta

Ler em voz alta ajuda na retenção do conteúdo, pois, além de estarmos lendo, estamos também ouvindo. Comente consigo mesmo. Dessa forma, mais sentidos são recrutados nesse processo, maior atenção é dada ao conteúdo, e mais firmemente o cérebro registra as informações.

Faça Revisões Periódicas:

Ebbinghauss comprovou, através de suas pesquisas, que as revisões periódicas do material memorizado aumentam significativamente os índices de retenção. É como se você estivesse "levantando" a curva do esquecimento. Portanto, tenha significativos ganhos de memorização introduzindo a sistemática de rever a matéria estudada, de quando em quando.

Utilize Outros Métodos Mnemônicos em seus Estudos:

Comece a acrescentar outros métodos mnemônicos no seu dia a dia, de modo a dar robustez aos seus estudos e fixar com mais eficácia a matéria estudada. Adiante começaremos a ver uma série de métodos mnemônicos com altíssimos índices de eficiência.

Resumo

MÉTODO DA REPETIÇÃO

SÓ REPETIÇÃO NÃO É SUFICIENTE,
APÓS 1 DIA PODERÁ LEMBRAR APENAS DE 34% DO CONTEÚDO

FAÇA REVISÕES PERIÓDICAS

LEIA EM VOZ ALTA

ACRESCENTE OUTROS MÉTODOS MNEMÔNICOS

Método da Associação

Associando corretamente

Neste método nós associaremos algo que queremos lembrar, e que é para nós desconhecido, com alguma coisa que nos é familiar, ou que apresenta uma semelhança com a informação de origem. Ou seja, associamos algo difícil de lembrar com algo fácil de lembrar, de modo que tenham uma relação entre si. O método da associação pode se valer de várias das dicas de memorização que já vimos. Este método é muito poderoso!

Vejamos alguns exemplos esclarecedores: queremos lembrar que a capital da Austrália é Camberra, então fazemos uma frase associada:

Dessa forma ligamos algo desconhecido a uma frase de apoio, através da rima, que nos faz lembrar o que queremos.

Outro exemplo: se quisermos memorizar a maior obra literária do escritor Júlio Ribeiro - "A Carne" - da época do realismo brasileiro, podemos associar com a frase:

Vejamos mais alguns exemplos do Método da Associação, em que associamos o nome do país e sua capital com uma frase com som semelhante:

A capital da Dinamarca é Copenhague, então, memorize com a seguinte frase:

"Diz a marca do conhaque"

A capital da Suécia é Estocolmo, então, memorizamos com a seguinte frase:

"Sossega! Estou calmo"

A capital da Bulgária é Sófia, então, a frase associativa pode ser:

"Bela gari Sofia"

A capital da Noruega é Oslo, então, a frase pode ser:

Noruega - Oslo:

"Não carrega Óleo"

A capital da Finlândia é Helsinque, e a frase pode ser:

"Fez lanche Henrique?"

A capital da Bélgica é Bruxelas, e a frase que vamos associar para memorizar é:

"Bela mágica da Bruxa Laís"

A capital da Escócia é Edimburgo, e a frase é:

"Fez cócegas num burro"

Mais exemplos

Podemos utilizar esse o Método da Associação para recordar fórmulas matemáticas. Por exemplo: a fórmula do trabalho realizado, na física, é: T=F.x.cos

Agora, analisemos a figura a seguir:

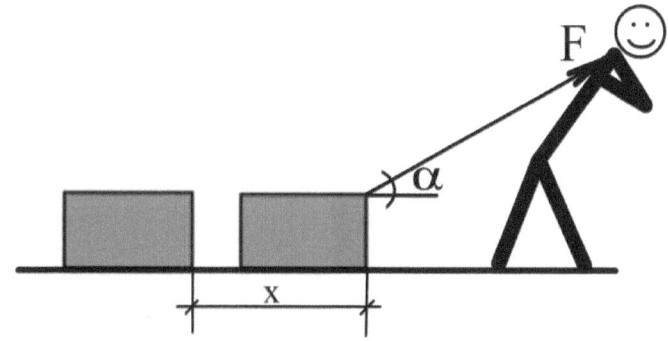

Olhando a figura, podemos imaginar o rapazinho que faz a força para arrastar a caixa, dizendo: "Tal flecha coça", onde os sons consonantais nos lembram: T=F.x.cos

Nesse caso, o que fizemos foi utilizar uma imagem mental associada a um acróstico e que nos remete à fórmula que queremos lembrar. Legal, não?

Veja, agora, esse exemplo do MRU (Movimento Retilíneo Uniforme):

A fórmula principal é: $v = x/t$

Onde **v** é a velocidade, **x** é o deslocamento, e **t** é o tempo.

Muita gente se confunde se o tempo (t) divide o deslocamento (x), ou se o multiplica: Lembre-se de que a unidade de velocidade que você ouve na fórmula 1, ou vê no painel do automóvel, é **km/h**

Daí, então,   velocidade=km/h

Mas velocidade é **v,** Km é unidade de distância (**x**), e h é unidade de tempo (**t**)

Portanto, por associação, a fórmula só pode ser:

$v = x/t$ ou $x = v.t$

Não perca oportunidades

Aqui cabe ressaltar, amigo leitor, que alguns estudantes mais desavisados acham que não precisam de frases mnemônicas, pois, por verem repetidas vezes determinada fórmula, na prática dos exercícios diários, acham que nunca mais vão esquecer ou ter dúvidas sobre a composição das variáveis da fórmula. Ledo engano. Afirmamos que aquele que estiver se preparando para um vestibular ou concurso público, ao final de meses de estudo, com a cabeça cheia de informações, na hora da prova, poderá ter dificuldades para se lembrar de fórmulas. Aí é que as frases mnemônicas nos auxiliam a tirar dúvidas sobre a composição de determinadas variáveis numa fórmula, ou mesmo, a nos fazer lembrar de fórmulas inteiras.

Quanto mais preparados estivermos, menos nervosos ficaremos e até isso nos auxiliará a clarear a nossa memória. Toda frase mnemônica serve como a isca do anzol para agarrar um peixe. Você até pode pegar um peixe sem isca, mas é bem mais difícil. Agora, não tenha dúvidas que, com a devida isca, a pesca será mais proveitosa.

Não se preocupe em ter que se lembrar da fórmula e da frase. A fórmula você deve conhecer e ter na mente tão clara quanto possível, e você consegue isto através da indispensável prática dos exercícios. Já a frase ou palavra mnemônica, você deve memorizá-la por associação, de tal forma que, na hora da prova, a lembrança da fórmula e a lembrança da frase se somam. O efeito é surpreendente. Algumas vezes, dependendo da técnica usada ou mesmo da habilidade em formar as fórmulas mnemônicas, você lembrará instantaneamente da frase e dela tirará uma fórmula ou outra informação como datas e nomes, e verá que seria impossível ter lembrado sem o auxílio das técnicas mnemônicas.

Resumo

MÉTODO DA ASSOCIAÇÃO

ASSOCIE ALGO DESCONHECIDO COM ALGO FAMILIAR

ASSOCIE ALGO DIFÍCIL DE LEMBRAR COM ALGO FÁCIL

UTILIZE ALGO EXAGERADO OU ENGRAÇADO

CONSTRUA UMA IMAGEM DE APOIO

UTILIZE AS DEMAIS DICAS DE MEMORIZAÇÃO

Método do Empilhamento

Empilhando para lembrar

Neste método damos vida àquilo que queremos lembrar, fazendo cada item a ser lembrado aparecer representado em nossa memória por uma figura, utilizando muita irreverência, cor, exagero e movimento. Vamos então empilhando, literalmente, uma figura sobre a outra, através de algum detalhe, aquele que lhe pareça mais interessante.

Vejamos um exemplo a seguir:

Queremos memorizar (para não esquecer mais) as 13 maiores obras do escritor José de Alencar, da época romântica da literatura brasileira (1836-1881):

-O Guarani

-Cinco Minutos

-As Minas de Prata

-Lucíola

-Iracema

-O Gaúcho

-A Pata da Gazela

-O Tronco do Ipê

-Sonhos D'ouro

-Ubirajara

-Senhora

-O Sertanejo

Começamos imaginando a figura de um índio, para representar a obra O Guarani, colocando todos os detalhes que imaginarmos; um índio com tanga de couro, pintado, usando cocar e segurando arco e flecha. Pois bem, esse é O Guarani. Na mão do índio, um relógio, pode ser um relógio de pulso, pode ser até o seu relógio, mas que marca apenas cinco minutos, e isto nos lembrará o nome da segunda obra.

Empilhadas em cima do relógio, várias moedas de prata, muito reluzentes, tão pesadas que estão quebrando o visor do relógio, para então lembrarmos de As Minas de Prata. Sentada em cima das moedas, quase escorregando, vemos a figura de uma mulher muito iluminada, que nos lembrará Lucíola. Veremos, então, Lucíola de mãos dadas com uma índia nua, que será Iracema, o nome da quinta obra que queremos memorizar.

Vejamos o que temos até o momento: pense um instante e tente relembrar as obras já memorizadas... Visualize cada uma das figuras mentais...

Vamos lá: temos um índio (O Guarani), em sua mão um relógio que só marca cinco minutos (Cinco Minutos) e equilibrando-se sobre o relógio temos moedas de prata (As Minas de Prata), sentada sobre as moedas temos uma mulher iluminada (Lucíola) de mãos dadas com uma índia nua (Iracema). Funciona, não? Veja, a seguir, como exemplo, o empilhamento das imagens até o momento:

Importante: construa a sua própria imagem mental, que pode ser diferente do nosso desenho, não há problema, o que importa é que você crie a imagem mental com bastante cor e exagero, para fixar melhor.

Prossigamos... A índia está tomando uma cuia de chimarrão, que nos lembrará O Gaúcho. Comendo a erva da cuia do chimarrão, vemos uma gazela, com a pata afundada no chá, para então lembrarmos A Pata da Gazela. Na galhada da gazela vemos o Tronco do Ipê e sobre esse tronco, flores douradas para lembrarmos Sonhos D'ouro, e repousado sobre o pólen da flor vemos um Til (imaginemos o sinal gráfico como se fosse uma borboleta). Não percamos o fôlego e vamos adiante, deitado no til, como se estivesse num divã, vemos outro índio, Ubirajara. O índio está sonhando com uma mulher - Senhora- com todos os apetrechos de uma dama do século XIX. Mas quem segura a sombrinha da dama é um Sertanejo. Muito bem, vamos rever tudo: - imaginamos um índio segurando um relógio (que só marca cinco minutos) e sobre o relógio muitas moedas de prata. Sentada sobre as moedas uma mulher iluminada, de braços dados com uma índia nua que toma chimarrão e sobre a cuia uma gazela com a pata enterrada no chá. Sobre a galhada da gazela um tronco de ipê e florescendo no ipê botões dourados, que têm pousado no seu pólen, como borboleta, um til. Deitado no til, um índio sonhando com uma senhora que tem um sertanejo segurando sua sombrinha.

Evidente que toda essa explicação é muito demorada e mais complicada que a realização da técnica elaborada com suas próprias ideias, e o leitor verificará logo, com um pouco mais de prática, como é simples e eficiente o método. A grande vantagem é que essas informações estão agora inseridas nos arquivos de sua memória, de maneira sólida, à sua disposição.

Outro exemplo

Estudando, na Química, o aumento na tendência em perder elétrons (oxidar) dos seguintes elementos:

Au Ag Cu Pb Fe Zn Al

aumenta a tendência em perder elétrons

Para memorizar essa sequência, primeiro, associamos cada elemento por um quadro-mental:

Au - barras de ouro

Ag - moedas de prata

Cu - tubos de cobre

Pb - cofre de chumbo

Fe - grades de ferro

Zn - telhas de zinco

Al - janela de alumínio

Agora, começamos a empilhar. Pense num monte de barras de ouro, e, em cima disso, um punhado de moedas de prata, e, apoiado sobre isso tudo, um tubo de cobre, que está equilibrando um enorme cofre de chumbo, protegido por grades de ferro. Em cima das grades, uma telha de zinco e, apoiada nela, uma janela de alumínio. Assim, você tem a ordem crescente em tendência em perder elétrons. Veja a figura ilustrativa do empilhamento que fizemos, a seguir.

Resumo

MÉTODO DO EMPILHAMENTO

REPRESENTE CADA ITEM A SER MEMORIZADO POR UMA FIGURA

UTILIZE COR, EXAGERO, HUMOR PARA MEMORIZAR COM EFICÁCIA

VÁ EMPILHANDO, FIGURA A FIGURA, UNINDO-AS NUMA SEQUÊNCIA

Método do Alfabeto Fonético

Um alfabeto diferente

Trata-se de um poderoso método mnemônico, e consiste em associar números a fonemas. Depois, associando fonemas a vogais, formaremos palavras. Dessa forma, poderemos memorizar complexos números, transformando-os em palavras e frases.

Por exemplo, ao final desse capítulo, você poderá memorizar de forma firme e inequívoca a área dos oceanos

Oceano Pacífico: 164.316.900 km²

Oceano Atlântico: 85.555.200 km²

Oceano Índico: 72.577.280 km²

E você verá que não é difícil, bastará seguir o método.

Primeiro, teremos que aprender o alfabeto fonético, que consiste em dez sons consonantais:

O som correspondente ao n. 1 será o T ou o D

O som correspondente ao n. 2 será o N ou NH

O som correspondente ao n. 3 será o M

O som correspondente ao n. 4 será o R ou RR

O som correspondente ao n. 5 será o L ou LH

O som correspondente ao n.6 será o J, CH, X ou G brando (como em giz)

O som correspondente ao n. 7 será o K, QU, C forte (como em cão) ou G forte (galo)

O som correspondente ao n. 8 será o F ou V

O som correspondente ao n. 9 será o P ou B

O som correspondente ao n. 0 será o Z, Ç, S, SS, C brando (como em saci) ou SC

Algumas dicas

Agora, veja o resumo a seguir e memorize através das dicas:

1 = T, D (o "t" tem uma vertical)

2 = N, NH (o "n" tem duas verticais)

3 = M (o "m" tem três verticais)

4 = R, RR (o "RR" tem quatro perninhas)

5 = L, LH (cinquenta em romanos é L)

6 = J,CH, X, G brando (o "J" ao contrário parece "6")

7 = K, C forte, G forte, Q (lembre-se de fita "K-7")

8 = F, V (o "f" manuscrito é parecido com o oito)

9 = P, B (o P ao contrário parece o nove)

0 = Z, S, SS, SC, C brando, Ç (a palavra zero inicia pela letra z)

É preciso estar acostumado com esse alfabeto para poder continuar nossos estudos, pois utilizaremos esses conceitos nos capítulos seguintes também.

Exemplo

Vamos, agora, ao exemplo de onde podemos utilizar esse método:

Reportando-nos à geografia, se estivéssemos estudando os oceanos, precisaríamos, com certeza, saber a área de cada um deles:

Oceano Pacífico: 164.316.900 km²

Oceano Atlântico: 85.555.200 km²

Oceano Índico: 72.577.280 km²

Ora, memorizar isso significa memorizar um número com 25 algarismos:

1643169008555520072577280.

Você diria: impossível memorizar esse número! (e quando falo em memorizar significa lembrar não apenas agora, mas, também, daqui a meses). Com o alfabeto fonético isto se torna tarefa simples, cada número terá um correspondente fonema, com o que poderemos formar palavras ou frases:

Oceano Pacífico:

1   6   4   3   1   6   9   0   0

Fonemas correspondentes escolhidos

T CH R   M   D   CH P   S   S

Agora, com o acréscimo de vogais, formaremos palavras:

ToCHa   RaMo DuCHa   PeSoS

Essas são as palavras que memorizamos, cujas consoantes têm os fonemas que nos remetem aos números que representam a área do Oceano Pacífico:

  ToCHa   RaMo   DuCHa   PeSoS
  1 6   4 3   1 6   9 0 0

Vejamos, agora, o Oceano Atlântico:

Números:

8   5   5   5   5   2   0   0

Consoantes:

F   L   L   L   L   N   S Cbrando

As palavras:

FiLa   LuLa   LoNa   Saci

Palavras que podem ser facilmente memorizadas através de uma das técnicas já vistas, como o empilhamento.

Ou podemos, ainda, como no caso adiante (oceano índico), formar uma única frase. Será uma única frase, com certo sentido, o que bastará para nós a memorizarmos:

Oceano Índico:

7   2   5   7   7   2   8   0

C   N   L   C   C   N   V   S

Colocando vogais adequadamente, vem a frase:

CaNeLa   e   CoCo   No   VaSo

"Canela e coco no vaso" é uma frase que por si só nos mostra um único quadro-mental. Você pode, então, optar pela técnica que mais lhe agradar.

Vejamos outro exemplo. Estudando a Revolução Francesa, se fosse preciso memorizar a data da Queda da Bastilha (14 de julho de 1789), poderíamos pensar na seguinte frase:

"Tantos Revolucionários Civis Gostaram Tanto da Queda Vergonhosa da Bastilha"

Onde as iniciais em maiúsculo nos dão a seguinte sequência numérica:

1 4   0   7   1   7   8   9

Donde vem: 14 de julho de 1789.

Nesse exemplo, utilizamos o alfabeto fonético com um acróstico.

Resumo

MÉTODO DO ALFABETO FONÉTICO

☞ MEMORIZE NÚMEROS, FORMANDO PALAVRAS
☞ AS VOGAIS NÃO REPRESENTAM NÚMEROS, MAS AJUDAM NA FORMAÇÃO DAS PALAVRAS
☞ VEJA, ABAIXO, O ALFABETO FONÉTICO:

T, D (o "t" tem uma vertical) ➜	1
N, NH (o "n" tem duas verticais) ➜	2
M (o "m" tem três verticais) ➜	3
R, RR (o "RR" tem quatro perninhas) ➜	4
L, LH (cinqüenta em romanos é L) ➜	5
J,CH, X, G brando (o "J" ao contrário parece "6") ➜	6
K, C forte, G forte, Q (lembre-se de fita "K-7") ➜	7
F, V (o "f" manuscrito é parecido com o "8") ➜	8
P, B (o "P" ao contrário parece o nove) ➜	9
Z, S, SS, SC, C brando, Ç (a palavra zero inicia pela letra "z") ➜	0

Método das Palavras-Chave

Neste método usaremos quadros-mentais pré-estabelecido, os quais nos auxiliarão na memorização; poderá ser do tipo alfanumérico ou com palavras rimadas. Vamos entender mais, indo adiante.

Palavras-Chave Alfanuméricas

Já estamos familiarizados com o alfabeto fonético, então voltemos a ele, formando palavras que representem os números de 1 a 10:

1- Dia

2- Anão

3- Mão

4- Rio

5- Lã

6- Chá

7- Cão

8- UVa

9- Baú

10- Taça

São palavras que possuem consoantes que representam um número, pois você, caro leitor, já sabe que as vogais não representam números neste alfabeto, apenas dão corpo à palavra. Imaginemos um quadro mental para cada palavra:

- Dia: imagine alguma paisagem que você gosta, ou mesmo, a visão da janela da sua casa.

- aNão: pense num anãozinho que você conhece, ou algum dos sete anões da Branca de Neve.

- Mão: pode ser a sua, ou mesmo, uma mão gigante maior que sua casa.

- Rio: pense num rio e tente até ouvir o barulho das águas.

- Lã: pode ser um novelo ou um casaco de que você gosta.

- CHá: imagine uma xícara de chá, com saquinho, colherinha e tudo mais.

- Cão: pense num que você tem ou já teve, ou então, algum de que você goste.

- uVa: pense em você comendo um cacho de uva, ou mesmo pessoas colhendo uva nos parreirais.

- Baú: imagine um bem grande e com muitos

detalhes.

-TaÇa: pode ser uma taça de campeão ou aquela para beber champanhe.

Já falamos, mas vamos ressaltar mais uma vez que sua imagem mental deve ser sempre irreverente, ilógica, extravagante e mesmo ridícula, isso favorecerá a memorização.

Exemplos

Vamos agora a uma aplicação desse método. Estudando biologia, mais precisamente zoologia, precisaríamos memorizar, na classe dos mamíferos, a ordem dos Ungulados Artiodátilos, que são os mamíferos de casco com dedos pares (2 ou 4):

1- Boi

2- Porco

3- Camelo (dromedário)

4- Carneiro

5- Girafa

6- Hipopótamo

7- Búfalo

8- Cabra

9- Lhama

10- Alce (antílope, veado)

Para memorizarmos, basta fundirmos no quadro-mental pré-estabelecido, aquilo que queremos lembrar. Vejamos:

1- Dia: Boi: veja aquela paisagem pré-estabelecida e imagine nela um boi pastando, comendo tanto que vai até sumindo um pouco da paisagem.

2- aNão: Porco: imagine um dos "sete anões" oferecendo para a Branca de Neve, em uma bandeja, um porco tostado e com uma maçã na boca.

3- Mão: Camelo: imagine uma grande mão apertando a corcova do camelo.

4- Rio: Carneiro: pense num carneiro que atravessou um rio e saiu do outro lado "magrinho" por ter molhado seu pelo. Acrescente tantos detalhes quantos você imaginar, isso enriquece o quadro-mental, ajuda-o a fixar a imagem na memória.

5- Lã: Girafa: imagine o monte de novelos de lã que seria necessário para fazer um casaco para uma girafa.

6- CHá: Hipopótamo: tínhamos aquele quadro-mental da xícara, agora veja dentro dela um hipopótamo tomando banho.

7- Cão: Búfalo: pense que aquele cão, que você já tem no seu quadro-mental pré-estabelecido, está cuidando de uma manada de búfalos.

8- uVa: Cabra: imagine o quadro-mental das uvas

e veja a cabra comendo essas uvas, e, ao invés de leite, de suas tetas sairá vinho.

9- Baú: Lhama: você pode imaginar um baú em formato de Lhama.

10- Taça: Alce: pense num alce bebendo água numa taça de cristal. Isso, se você usou a taça de cristal no seu quadro-mental pré-estabelecido. É sempre bom evitar a mudança do quadro-mental pré-estabelecido para não gerar confusão.

Naturalmente você pode ampliar o número de quadros-mentais pré-determinados para tantos quantos você queira. Sempre com a mesma fórmula, a mesma estratégia, em que o número vai lhe lembrar uma palavra, através do alfabeto fonético, e a palavra lhe traz à lembrança um quadro-mental, onde se funde aquilo que você quer lembrar.

Fascinante, não!

Adiante temos algumas sugestões para palavras-chave até o número trinta:

11- TaTu

12- TiNa

13- DaMa

14- TeRRa

15- TeLa

16- DuCHa

17- TaCo

18- TuFão

19- Tubo

20- NoZ

21- NoTa

22- NeNê

23- NeMo

24- NeRo

26- NaJa

27- NuCa

28- NaVe

29- NaiPe

30- Moça

Palavras-Chave Rimadas

Funciona da mesma forma que o método anterior, das palavras-chave alfanuméricas, porém, aqui não utilizamos nenhum conhecimento sobre o alfabeto fonético, mas, sim, faremos o vínculo entre o número e a palavra-chave, através da rima. De certa forma, mais intuitivo que o anterior.

Veja algumas sugestões para trinta palavras-chave:

1- Bum(estouro, explosão)

2- Bois

3- Reis

4- Quadro

5- Trinco

6- Leis

7- Frete

8- Porto

9- Chove

10- Pés

11- Monge

12- Pose (fotografia)

13- Tese (trabalho científico, livro)

14- Foice

15- Tinge (do verbo tingir)

16- Freguês

17- Patinete

18- Biscoito

19- Automóvel

20- Ouvinte

21- Atum

22- Arroz

23- Chinês

24- Pato

25- Cinto

26- Camponês

27- Marionete

28- Doido

29- Prove (do verbo provar)

30- Tinta

Exemplos

Agora, você já tem condições de bolar os seus próprios quadros-mentais, sem o menor problema, mas, aí vão algumas dicas:

1- Bum: pense num estouro, numa explosão, aí você inclui aquilo que vai memorizar neste quadro-mental. Aqui, você pode fazer, também, que o próprio objeto de memorização exploda, trazendo com isso um riquíssimo quadro-mental.

2- Bois: imagine um boi cravando seus chifres naquilo que você quer memorizar.

3-Reis: pense num quadro-mental com os três reis magos.

4-Quadro: imagine um quadro, com bela moldura, assinado por um pintor de renome, que contém o que você quer memorizar nele.

5- Trinco: pense que aquilo que você quer memorizar pode fazer parte de uma porta, ou mesmo, ser a própria porta, e você, com a mão no trinco, abre e fecha essa porta. Imagine o que aconteceria.

6- Leis: pense num tribunal como quadro-mental, com júri, assistência, advogados, réu, juiz, etc. O objeto de memorização pode estar na cadeira do réu, na mesa do juiz (imagine o juiz batendo o martelinho no objeto) ou, então, ser o próprio juiz.

7- Frete: imagine um caminhão de frete transportando aquilo que você quer memorizar.

8- Porto: Agora, você pode pensar que aquilo que você quer se lembrar está atracando no porto como se fosse um navio.

9-Chove: aqui, o seu próprio tema de memorização - aquilo que você quer memorizar - chove como se fosse água, imagine, então, o que acontece quando o objeto se espatifa no chão, ou cai na sua cabeça.

10- Pés: agora, o seu pé, ou outro qualquer, pisa o que você está memorizando, aí então, você terá determinados reações, dependendo do que seja. É uma forma eficaz de memorizar.

Resumo

MÉTODO DAS PALAVRAS-CHAVE

PALAVRAS-CHAVE ALFA NUMÉRICAS
MÉTODO BASEADO NO ALFABETO FONÉTICO

1- Boi
2- Porco
3- Camelo (dromedário)
4- Carneiro
5- Girafa
6- Hipopótamo
7- Búfalo
8- Cabra
9- Lhama
10- Alce (antílope, veado)

PALAVRAS-CHAVE RIMADAS
MÉTODO BASEADO NA RIMA

1- Bum(estouro, explosão)
2- Bois
3- Reis
4- Quadro
5- Trinco
6- Leis
7- Cheque
8- Porto
9- Chove
10- Pés

☛ FORME UM QUADRO MENTAL COM CADA PALAVRA-CHAVE
☛ ASSOCIE O QUE VOCÊ QUER MEMORIZAR DENTRO DESSE QUADRO MENTAL
☛ UTILIZE MUITA IRREVERÊNCIA, COR, EXAGERO PARA MEMORIZAR COM EFICÁCIA

Método dos Quadros-Mentais Domiciliares

Outro método de formação de quadros-mentais, sem a utilização, agora, de palavras-chave, é o dos Quadros-Mentais Domiciliares, também chamado de Método *Loci* (plural latino de *locus* - que significa lugar), e chamado por outros de Palácio da Memória.

Esse método funciona assim: você pensa na sua casa, cada cômodo de lá formará um riquíssimo quadro-mental. Você terá tantos quadros-mentais, quantos forem os cômodos (cozinha, quartos, sala, banheiro). Evidente que, com a prática, você poderá ampliar o número de quadros-mentais, utilizando corredores, garagem, quintal, telhado, áreas diversas, etc. Em síntese, o método é parecido com o anterior, em que você usou os quadros-mentais, pois você introduzirá aquilo que quer memorizar dentro de cada cômodo.

Por exemplo, se você quisesse memorizar a palavra poderia pensar nele dentro do fogão, na cozinha, sendo o responsável pelo calor, para cozinhar os alimentos. Pense em muita luz, claridade, calor.

Veja as panelas se derretendo, imagine os objetos da cozinha girando ao redor do fogão, como os planetas, ao redor do sol. Não se esqueça, quando fundir no quadro-mental aquilo que você quer memorizar, acrescente sempre muita cor, exagero, irreverência e ilógica.

Uma das vantagens desse método é a lembrança instantânea, muito fácil mesmo, e a riqueza de detalhes do quadro-mental, pois você o vê todo dia, você participa dele todo dia. Já a desvantagem seria a restrição de quadros-mentais ao número de cômodos da casa, se bem que já dissemos que, com o tempo, você ampliará grandemente esse número, utilizando muros, árvores, canteiros, floreiras, enfim, pontos da sua casa que você tem firmemente registrados na memória.

Aqui, você não tem uma ordem numérica como nos métodos anteriores (palavras-chave alfanuméricas e palavras-chave rimadas) e, para tanto, deverá fazer uma associação mental de cada cômodo a um determinado número, caso queira estabelecer uma sequência, porém, recomendamos utilizar esse método nas situações em que isso não seja necessário, ou ainda, poderá utilizar a sequência natural de localização dos cômodos da casa, como se você estivesse andando por eles.

Conclusão

Parabéns, caro leitor, pois você, agora, já aprendeu os melhores métodos mnemônicos, de tal modo que, o seu trabalho daqui em diante será de aplicá-los em seus estudos e, em cada caso, você encontrará o melhor método a utilizar, dentre os aqui apresentados. Não poupe oportunidades de uso, quanto mais você praticar, mais apto e familiarizado com essas técnicas você estará. Não imponha limites ao seu cérebro, pois você não sabe onde eles se encontram.

O nosso objetivo aqui, não foi o de explicar as reações químicas que se processam no seu cérebro, para a memorização, nem o de apontar as regiões do cérebro onde se fixam a memória instantânea e a memória permanente. Achamos que para dirigir um automóvel, um motorista também não precisa saber o que acontece no interior do motor, necessariamente, para ser um bom motorista. Quisemos, isto sim, de maneira prática, lhe mostrar como obter maior rendimento de sua memória. E foi com esse objetivo que apresentamos vários exemplos de aplicação, com os vários métodos apresentados.

Bons Estudos e Sucesso!

Rodrigo Vargas

Agradecimento

Obrigado pela leitura do livro! Espero que este meu trabalho tenha lhe agregado valor e, de algum modo, despertado novas ideias, criado conhecimentos ou encorajado reflexões. Gostaria muito de poder conhecer a sua opinião sobre o livro e, para isso, seria fantástico (e eu ficaria muito grato!) se você pudesse dedicar algum tempo para escrever uma avaliação na página do produto, na loja onde foi comprado, contando o que gostou e o que pode ser melhorado. Isso poderá me proporcionar desenvolvimento e evolução, além do que, ajuda autores independentes, como eu, a divulgar o trabalho e informar outros leitores.

Muito obrigado!

Rodrigo Vargas

Outras Publicações de Rodrigo Vargas

O livro "52 Bons Hábitos de Gestão, Liderança e Relações Humanas" descreve os bons hábitos que podem ajudar você, em seu ambiente de trabalho, a se destacar dos demais, demonstrando confiança e credibilidade aos superiores, pares e subordinados; aumentando sua produtividade e de sua equipe; melhorando seu relacionamento, sua liderança, sua eficiência e otimizando seu tempo. O livro é resultado do aprendizado e da análise crítica do autor decorrente de vários anos de experiência em gestão na indústria.

Com uma linguagem simples e objetiva, o livro é uma opção de leitura fácil e envolvente distribuída ao longo de 52 capítulos.

O livro "Matemática Financeira Descomplicada", que é um manual prático, traz para você os fundamentos e principais conceitos da matemática financeira, com explicações objetivas e simplificadas. É indicado para estudantes e profissionais que necessitem conhecer e aprender os principais conceitos da matemática financeira. Também é indicado para quem quer obter conhecimento para uso geral, do dia a dia, a fim de conseguir entender melhores alternativas de aplicação financeira, ou de compras de produtos.

Algumas da características desta edição:

- Para cada novo conceito, o livro traz exemplos de aplicação ou simulações;

- Os exercícios resolvidos apresentam tanto as resoluções matemáticas, quanto as resoluções com a HP 12C (demonstração "passo a passo" e "tecla a tecla"), além de mostrar o uso das tabelas financeiras;

- O livro conta com uma seção ilustrada, para iniciantes na HP 12C;

- Tabelas-resumo, com fórmulas e principais conceitos;

- Tabelas financeiras para facilitar os cálculos e permitir resolver questões com o uso de calculadoras comuns.

Após a visita de milhares de profissionais e estudantes ao portal GestaoIndustrial.com, e várias solicitações para disponibilizar o conteúdo em formato de livro, foi aceito mais este desafio. O objetivo foi o de disponibilizar conteúdo e informação, devidamente adaptados ao formato de livro, de modo que você pudesse carregá-lo sempre consigo, inclusive offline. Portanto, este livro contém, basicamente, os temas que, ao longo de vários anos, foram editados para o portal da web, no entanto, é bom que se frise, o conteúdo não é exatamente o mesmo.

O livro "Gestão Industrial de A a Z" proporciona uma visão geral da gestão na indústria, abordando os seus temas mais importantes, de forma prática e objetiva.

No "Guia Prático de Finanças do Dia a Dia" você vai conhecer várias maneiras para usar o seu dinheiro com critério e discernimento, com o objetivo de conquistar uma vida financeira mais saudável!

Veja alguns dos tópicos abordados neste livro:

- Como calcular o valor da multa e juros de um boleto?
- Como calcular o valor futuro de aplicações financeiras?
- Como avaliar a melhor alternativa de investimento?
- Como calcular um aumento acumulado?
- Inflação x Ganho real?
- Pagar à vista ou à prazo? O que é melhor? E quando?
- Quais são os tipos de crédito pessoal e suas taxas?
- Como calcular os juros do cheque especial e do cartão?

- Como planejar financeiramente uma compra ou poupança?

E mais, conheça os 8 Mandamentos das Finanças do Dia a Dia, baixe gratuitamente a calculadora financeira em planilha eletrônica (ensinaremos, no livro, o passo a passo para você poder usá-la) e a planilha de controle de finanças domésticas!

Reformule sua maneira de comprar e investir, reveja sua forma de usar o dinheiro, adquira o controle de suas finanças! Compre agora o "Guia Prático de Finanças do Dia a Dia", e comece já a mudar o seu presente e a construir um futuro melhor!

FALANDO DE GESTÃO

TEMAS DA ADMINISTRAÇÃO GERAL, CULTURA ORGANIZACIONAL, DESENVOLVIMENTO PROFISSIONAL, GESTÃO DE PROJETOS, LIDERANÇA, MARKETING, PLANEJAMENTO ESTRATÉGICO, PRODUTIVIDADE E QUALIDADE.

Rodrigo Vargas

O que você vai encontrar nesse livro? A resposta rápida é: valiosos insights de gestão! Este livro reúne artigos escritos em 2018 para o Blog que faz parte do portal GestaoIndustrial.com, e que foram organizados por categorias para otimizar a leitura. O livro "Falando de Gestão" é indicado a todos que gostam do tema e querem se desenvolver através de insights que envolvem vários aspectos relativos à gestão. No livro você encontrará os seguintes temas, discutidos através de vários artigos do autor:

- Administração Geral
- Cultura Organizacional
- Desenvolvimento Profissional
- Gestão de Projetos
- Liderança
- Marketing
- Planejamento Estratégico,
- Produtividade
- Qualidade.

Este é o segundo livro da série "Falando de Gestão", que apresenta vários insights de gestão, e nesta edição, reúne os artigos escritos em 2019 para o Blog que faz parte do portal GestaoIndustrial.com, os quais estão todos organizados por categorias para otimizar a leitura.

Os livros da série "Falando de Gestão" são indicados a todos que gostam do tema e querem se desenvolver através de insights que envolvem vários aspectos relativos à gestão. Neste livro você encontrará os seguintes temas, explorados através de vários artigos do autor:

- Administração Geral
- Cultura Organizacional
- Desenvolvimento Profissional
- Liderança
- Marketing
- Planejamento Estratégico,
- Produtividade
- Qualidade.

Baseado em uma permanência de um mês na China, a trabalho em 2010, eu decidi colocar no papel alguns aspectos interessantes e vários aprendizados dessa interessante e enriquecedora experiência. Um dos maiores objetivos foi o de dar uma macro perspectiva da forte economia chinesa, e mostrar alguns indicadores chave relacionados a isso. Para uma melhor compreensão dos números, foi feita uma comparação com as economias dos Estados Unidos e do Brasil. Foram atualizados os indicadores em 2015 com a melhor e mais confiável informação que pode ser encontrada cujos dados, basicamente, foram coletados da Agência Central de Inteligência Norte Americana (CIA) e do Banco Mundial (WB). Esse livro, escrito em inglês, pode-se dizer que é como um álbum de viagem, com informações técnicas e interessantes sobre a economia e o povo chinês.

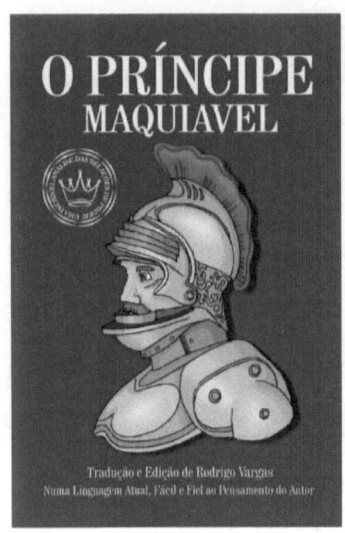

Esta é a tradução que fiz, a partir do original italiano, deste grande clássico da moderna filosofia política, e que é um dos livros mais lidos e traduzidos de todos os tempos. O livro "O Príncipe" é um tratado político em que Maquiavel ensina como conquistar e manter o poder, demonstrando, com abundantes exemplos, as melhores estratégias, analisando os erros e os acertos dos príncipes, e dando orientações sobre as melhores formas de governar.

É melhor ser amado ou temido? Por que não se deve deixar ser odiado pelas pessoas? O quanto a sorte influencia os acontecimentos, e como reduzir seus efeitos? Por que as pessoas apoiam os oportunistas? Por que, e como, deve-se evitar os bajuladores? Que cuidados devemos ter ao escolher os ministros de governo, e o que fazer para mantê-los fiéis? Tudo isso, e muito mais, Maquiavel nos explica em detalhes, ao longo dos 26 capítulos de seu livro.

Esta edição apresenta o texto completo, numa linguagem atual, fácil de entender, e fiel ao estilo e ao pensamento do autor. Inclui, ainda, uma seção com informações sobre os personagens que são citados no livro por Maquiavel. Tudo isso para você ter um excelente entendimento do texto original de um dos maiores clássicos da literatura.

COMO

MEMORIZAR

O CALENDÁRIO

PERPÉTUO

Anexo-Como Memorizar o Calendário Perpétuo

Introdução

Este anexo não traz uma nova técnica de memorização, mas é mais um exemplo de utilização, é um método exclusivo criado para memorizar o calendário perpétuo! É claro que memorizar o calendário perpétuo não tem um sentido prático, já que dispomos de vários recursos para nos informar muito facilmente sobre datas no passado ou no futuro. Na verdade, os objetivos deste anexo bônus (originalmente era um livro à parte) são basicamente dois:

- O primeiro é o de lhe mostrar o poder e o alcance das técnicas de memorização apresentadas no livro,

- E o segundo, o de proporcionar um excelente exercício cerebral.

Além disso, poderá ser uma divertida brincadeira, você poderá surpreender seus amigos e familiares, sabendo responder de cabeça em que dia da semana caiu o Natal de duas décadas atrás, ou em que dia da semana será o aniversário de sua tia no ano 2025.

Haja vista que este método específico de memorizar o calendário perpétuo tem uma complexidade maior de elementos, recomendo lê-lo em momentos em que você tenha tempo razoável para se concentrar e mergulhar no assunto. Se você já tem demanda de estudo suficiente neste momento, recomendo deixar este anexo para depois, e utilizar as técnicas já vistas de forma objetiva para atender a sua necessidade de agora.

O Passo a Passo

Para memorizar o calendário perpétuo devemos seguir, basicamente, 6 passos. Veja-os a seguir:

- Passo 1) Memorize o calendário do ano em curso;

- Passo 2) Ache o dia da semana no ano em curso, relativo à data pretendida;

- Passo 3) Calcule a diferença de anos entre o ano presente e o ano pretendido;

- Passo 4) Calcule o número de anos bissextos entre o presente e o ano pretendido;

- Passo 5) Some os valores dos itens 3 e 4, se o número achado for menor que 7, é esse que utilizaremos, se ele for maior que sete, divida-o por 7 e ache o resto da divisão, que é o número que usaremos então;

- Passo 6) De acordo com o resto da divisão do item E, conte a partir do dia da semana encontrado no item B, achando, então, o dia da semana pretendido;

Veremos adiante esses passos, um a um, utilizando

a data 28.10.1963 como a data que queremos descobrir o dia da semana, e imaginando que estamos no ano de 1997.

Passo 1 - Memorize o calendário do ano em curso:

Para o ano de 1997.

Imaginemos uma frase mnemônica como essa:

"Lenin e Jairo deixam o galho na cuia"

É uma frase de apoio, fácil de memorizar. Se observarmos os sons consonantais (fonemas) de cada consoante inicial das sílabas, de acordo com o **alfabeto fonético***, obteremos uma sequência de números:

Lenin e Jairo deixam o galho na cuia.
5 2 2   6 4 1 6 3   7 5 2 7

*Conforme já vimos, o alfabeto fonético é aquele em que fonemas representam números, lembrando que as **vogais não**, apenas servem para compor a palavra e dar sentido à frase. São apenas os **fonemas consonantais que têm representação numérica:**

t,d = 1

r, rr = 4

l, lh = 5

x, ch, j, g = 6

k, c, g, qu = 7

f, v = 8

p, b = 9

s, ss, ç, c, z, sc = 0

Os números achados na frase mnemônica significam os primeiros domingos de cada mês, ou seja:

O primeiro domingo de janeiro cai no dia 5

O primeiro domingo de fevereiro cai no dia 2

O primeiro domingo de março cai no dia 2

O primeiro domingo de abril cai no dia 6

e assim por diante...

Sabendo que tais dias são domingos, temos, então, uma referência em cada mês e, com isso, podemos obter qualquer dia. Se o dia 2 é um domingo no mês de março, logo o dia 4 será uma terça-feira, o dia 5 será uma quarta-feira, o dia 12 será quarta, também, e assim por diante.

Passo 2 - Ache o dia da semana no ano em curso, relativo à data pretendida:

De acordo com a frase mnemônica:

Lenin e **Jairo** **deixam** o **galho** na **cuia**.

Primeiros domingos:

5 2 2   6 4 1 6 3   7 5   2   7

Meses:

jan fev mar abr mai jun jul ago   set out   nov dez

Queremos outubro, dia 28:

Pela frase vemos que o primeiro domingo é 5, logo, o segundo domingo será 12, o terceiro domingo será 19, o quarto domingo será 26. Então, o dia 28 será uma terça-feira.

Veja bem, 28 de outubro foi uma <u>terça-feira</u> em 1997, ainda não sabemos que dia foi em 1963.

Passo 3 - Calcule a diferença de anos entre 1997 e o ano pretendido:

2.1 - Se o ano procurado estiver no passado:

Por ex.: para 1948

Fazemos: 1997 - 1948 = **49**

2.2 - Se o ano procurado estiver no futuro:

Por ex.: para 2019

Fazemos: 2017 - 1997 = **20**

No caso do exemplo que estamos trabalhando, 28/10/1963, faremos:

1997 – 1963 = **34**

Passo 4 - Calcule o número de anos bissextos:

Devemos ter em mente que os anos bissextos são:

...1900   04   08

    12   16

    20   24   28

    32   36

    40   44   48

    52   56

    60   64   68

    72   76

    80   84   88

    92   96

  2000   04   08

    12   16

    20   24   28

    32   36

    40   44   48...

Daí concluímos que as décadas pares têm três anos bissextos e as ímpares têm dois. Como a sequência é repetitiva, é facil lembrarmos quais os anos são bissextos. Daí, basta somarmos o número de anos bissextos que estão entre 1997 e a data pretendida.

Precisamos observar ainda que, se a data pretendida estiver num ano bissexto, devemos analisar o seguinte:

Se o ano estiver no passado:

Quando estiver entre 01/01 e 28/02: consideramos na soma o ano em questão.

Quando estiver entre 01/03 e 31/12: desconsideramos na soma o ano em questão

Se o ano estiver no futuro:

Quando estiver entre 01/01 e 28/02: desconsideramos na soma o ano em questão.

Quando estiver entre 01/03 e 31/12: consideramos na soma o ano em questão.

Portanto, no caso que estamos analisando, 28.10.1963, a data está no passado e num ano que não é bissexto, donde vem que o número de anos bissextos nesse caso é igual a **9**

Passo 5 - Some os números achados nos passos 3 e 4 e divida por 7:

Por ex. : para a data 28.10.1963:

item 3:   1997 - 1963 = **34**

item 4: os anos bissextos são: 1964 1968 1972 1976 1980 1984 1988 1992 1996 num total de **9.**

item 5:   34+6 = 40

40 / 7 = 5   tendo resto igual a **5** (é esse $\underline{5}$ que nos interessa, e não o primeiro)

Passo 6 - Pelo resto da divisão por 7, encontra-se o dia da semana pretendido:

Agora faremos a correção necessária no dia da semana achado em 1997, para então, obtermos o dia da semana no ano pretendido.

Como o dia da semana achado em 1997 foi terça-feira, e o item 5 nos forneceu o número 5, fazemos o seguinte:

Para data no futuro:

qua	qui	sex	sab	dom	seg
x	1	2	3	4	5

então, o dia pretendido seria uma **segunda-feira**

Para data no passado:

qua	ter	seg	dom	sab	sex
x	1	2	3	4	5

Como o dia pretendido está no passado, concluímos que o dia será uma **sexta-feira**

Alguns Exemplos Completos

Exemplo 1: Para efeitos didáticos, considere que estamos no ano de 1997.

Que dia da semana foi 17.03.1952 ?

Item 1: Pela frase mnemônica, sabemos que o primeiro domingo de março é dia 2, então, 9 será domingo, e 16 será domingo também.

Relembrando:

Frase mnemônica:

Lenin e **Jairo** **d**eixam o **galho** na **c**uia.

Primeiros domingos:

5 2 2 6 4 1 6 3 7 5 2 7

Meses:

jan fev mar abr mai jun jul ago set out nov dez

Portanto, 17/03 é segunda-feira em 1997.

Item 2:   1997 - 1952 = 45

Item 3: 52 56 60 64 68 72 76 80 84 88 92 96

Como a data pretendida está num ano bissexto, no passado, entre 01/03 e 31/12, desconsideramos na soma o ano 52.

Daí, vem que: o número de anos bissextos é igual a 11.

Item 4:   45+11 = 56

               56 / 7 = 8   com   resto igual 0

Item 5:   seg

               x

Portanto,   17.03.1952   foi uma segunda.

Com a prática, é possível que você possa fazer todos esses cálculos mentalmente, tendo, assim, todo o calendário perpétuo memorizado na sua cabeça.

Exemplo 2 : Novamente considere como estando em 1997.

Que dia da semana será o Natal de 2020 ?

Item 1: em 1997, 25/12 será quinta-feira

Item 2:   2020 - 1997 = 23

Item 3:   2000   04   08   12   16   20

Como o ano pretendido é um ano bissexto, está no futuro, com a data compreendida entre 01/03 e 31/12, devemos considerar na soma o ano em questão. Portanto, o número de anos bissextos é 6

Item 4:   23 + 6 = 29

         29 / 7 = 4   com resto igual 1

Item 5:   qui   sex

            x   1

Portanto, o Natal de 2020 será numa sexta-feira.

Alguns Exemplos de Frases Mnemônicas e Seus Respectivos Anos

Ano 2012:

Frase mnemônica:

Dolorido gemido lá no Curumã!

Primeiros domingos:

1 5 4 1 6 3 1 5 2 7 4 2

Meses:

Jan fev mar abr mai jun jul ago set out nov dez

Ano 2013:

Frase mnemônica:

Chamei o amigo lá no quarto chamado!

Primeiros domingos:

6   3   3 7 5 2 7 4 1 6 3   1

Meses:

 Jan fev mar abr mai jun jul ago set out nov dez

Ano 2014:

Frase mnemônica:

Lá o nenê chora e te chama: "qué Luana qué"!

Primeiros domingos:

5   2 2   6 4   1 6 3   7 5 2   7

Meses:

Jan fev mar abr mai jun jul ago set out nov dez

Ano 2015

Frase mnemônica:

Roda de limão/Galinha chora/Tocha

Primeiros domingos:

4 1 1 5 3 7 52 6 4 1 6

Referentes aos meses:

Jan fev mar abr mai jun jul ago set out nov dez

Para o ano de 2015, fiz diferente, para lhe mostrar a flexibilidade e o potencial de aplicação das técnicas. São três objetos: Roda de limão, galinha chora e tocha, os quais vamos memorizar através da técnica do empilhamento:

Imagine um automóvel, pode ser o seu próprio carro, ou ainda aquele dos seus sonhos, agora, substitua uma das rodas por um enorme limão. Sobre o limão, uma galinha que chora, e você pode imaginar que ela chora porque tem uma tocha acesa equilibrada sobre sua cabeça, se deixar cair, ela vai se queimar. Considerando esse nosso empilhamento, a figura mental do empilhamento ficaria mais ou menos assim:

Essa figura mental, com os três objetos, irá nos fazer lembrar de:

Roda de limão, galinha chora e tocha, cujas consoantes dessas palavras irão nos remeter diretamente aos primeiros domingos de cada mês. Incrível, não?

Ano 2016

Frase mnemônica:

O **mago cha**mou a **T**elma, **q**ue riu e **n**ão **ch**orou.

Primeiros domingos:

  3 7   6 3   1 5 3   7   4   2   6   4

Referentes aos meses:

Jan fev mar abr mai jun jul ago set out nov dez

Para o ano de 2016, a frase mnemônica "O **mago cha**mou a **T**elma, **q**ue riu e **n**ão **ch**orou!"

 nos permite criar uma imagem mental que irá fixá-la em nossa memória.

Você já sabe que as vogais não fazem parte do

alfabeto fonético, elas só servem para ajudar a construir as palavras. O que nos interessa são as consoantes. No caso, cada uma delas significa, de acordo com o número que representa no alfabeto fonético, o primeiro domingo de cada mês.